Magierclub

MACH
10!

Rätseln, Üben, Knobeln

Dudenverlag
Berlin

Hallo Rätselfan,

Mach 10! ist der kunterbunte Rätselspaß aus dem Dudenverlag. Es warten spannende Knobeleien aus den Bereichen Deutsch, Mathe und Englisch auf dich.
Jede Aufgabe besteht aus zehn Übungen. Hast du sie gelöst, darfst du die Seite auf der Checkliste abhaken und zur Belohnung einen Sticker auf die Seite kleben.

Mach 10! und trainiere spielerisch deine Fähigkeiten im Rechnen und Schreiben sowie deinen Englisch–Wortschatz.

An alle Zauberlehrlinge: Ran an die Stifte, fertig, los!

Das habe ich schon gelöst:

 Hake ab!

 # Kreuzworträtsel

Kennst du diese zehn Dinge? Trage die Wörter in die Kästchen ein.

4

Verschlüsselte Aufgaben

Welches Bild steht für welche Zahl?
Schreibe die Zahlen in die Kreise über den Bildern.

1.  [Totenkopf] · [Totenkopf] = 49

2. [Diamant] − 3 · [Fledermaus] = 10

3. [Diamant] + [Diamant] + [Diamant] + [Diamant] = 100

4. 10 · [Feder] + 13 = 53

5. [Kerze] + 35 = 143

6. [Diamant] + [Fledermaus] + [Mond] = 47

7. [Diamant] − [Mond] = [Kräuter]

8. [Katze] + [Katze] + 2 = 106

9. [Kräuter] : 2 + [Käfer] = [Kerze] − 83

10. 11 · [Flasche] + 1 · [Flasche] = [Kerze]

10 GEMACHT!

How many ...?

Wie viele? Zähle die Gegenstände und schreibe die englischen Zahlwörter neben die Symbole.

one

nine

three

six

four

eight

seven

two

ten

five

Verhexte 10

Setze die Ziffern 1 und 0 in das Gitter ein. Beachte: In jeder Zeile und Spalte müssen beide Ziffern gleich oft vorkommen. Senkrecht und waagerecht dürfen nicht mehr als zwei gleiche Ziffern nebeneinanderstehen.

1	0	1	1	0	0	1	0	1	
0		1	0	0	1	1	0	1	1
1	1	0	1	1		0	1	0	0
1	1		0	1		1	0	1	0
0	0	1	1	0	0	1	0	1	
1	1	0	1	1	0	0	1	0	0
0	1	1	0	0	1	1	0	1	1
0		1	0	0	1	1	0	1	1
1	0	0	1		0	0	1	1	0
0		0	0	1	1	0		0	1

meine TOP 10!

Fülle die Liste aus!

Schwarzer Kater

Hokuspokus

10 Zauberformeln, die ich wie im Schlaf kann

1. _____
2. _____
3. _____
4. _____
5. _____
6. _____
7. _____
8. _____
9. _____
10. _____

10 GEMACHT!

8

Magische Welt

Trage die zehn gesuchten Begriffe in das Rätselgitter ein.

1. Sehr dunkle Farbe, Gegenteil von weiß
2. Schmuckstück mit magischen Kräften
3. Vogel, Schnabel und Gefieder sind meist siehe 1.
4. Unglückszahl
5. Leuchtmittel aus Wachs
6. Ritt auf einem Kehrgerät
7. Glitschige froschähnliche Amphibie
8. Pflanzen (Mehrzahl), werden auch zum Würzen von Speisen verwendet
9. Ewig lebend, unvergänglich
10. Längliche Geräte (Mehrzahl) für das Vollbringen magischer Taten, werden mit einer Hand durch die Luft geschwungen

Paarweise

Hoppla! Diese zusammengesetzten Nomen sind durcheinandergeraten.
Welche Paare gehören zusammen? Schreibe die Wörter richtig auf.

ZEIT

SPIEGEL

FEDER

HEXE

SCHREIB

STERNEN

REGEN

KRISTALL

EDEL

GLAS

FORMEL

REISE

MÄRCHEN

KUGEL

ZAHLEN

STEIN

ZAUBER

BERG

MAGIE

BILD

1. _____

2. _____

3. _____

4. _____

5. _____

6. _____

7. _____

8. _____

9. _____

10. _____

10 GEMACHT!

Witchcraft

Hokuspokus Fidibus dreimal black cat. Wie heißen diese zehn Begriffe auf Englisch? Schreibe sie in die Kästchen.

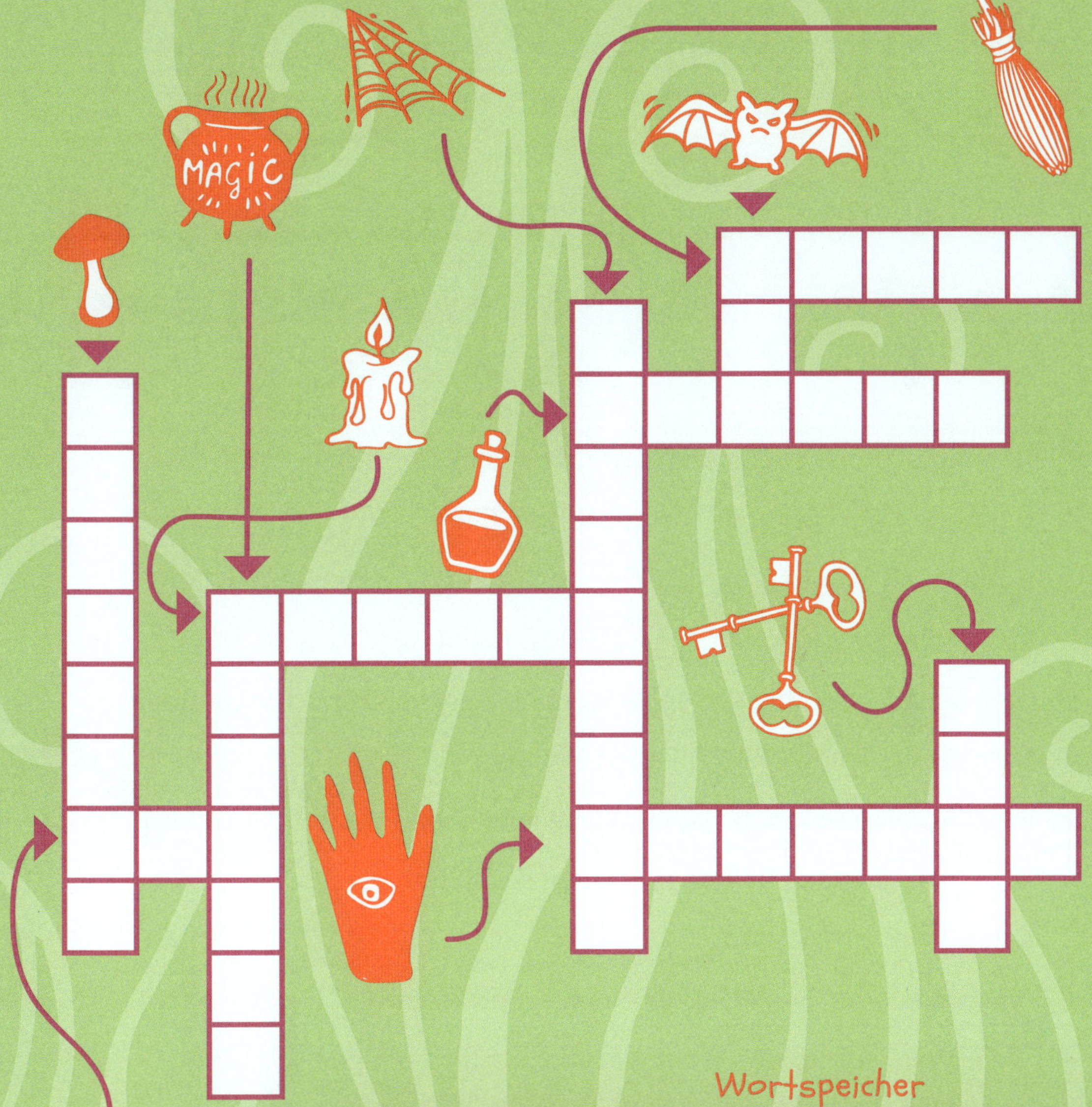

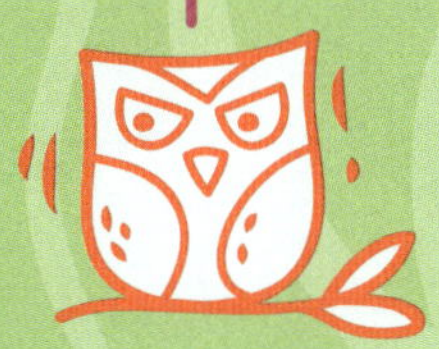

Wortspeicher

bat – die Fledermaus, broom – der Besen, candle – die Kerze, evil eye – der böse Blick, cauldron – der Kessel, keys – die Schlüssel, potion – der Trank, mushroom – der Pilz, owl – die Eule, spiderweb – das Spinnennetz

10 GEMACHT!

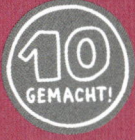

Geheime Zeiten

Der Hexenmeister hat die Geisterstunde verschlafen.
Kein Wunder, er hatte viel zu tun. Ordne die Ereignisse den Uhren zu.

1. 13 Minuten nach sechs stand der Hexenmeister auf. ◯

2. Um sieben Uhr morgens fütterte er die Einhörner. ◯

3. Anderthalb Stunden brauchte er dafür, dann war es Zeit, in den
   Kräutergarten zu gehen. ◯

4. Um halb elf besuchte ihn seine Nachbarin Hexe Camilla Krummbein. ◯

5. Sie tranken Tee bis fünf Minuten vor eins. ◯

6. Exakt 17 Minuten nach zwei kam die magische Post. ◯

7. Fünf Minuten nach halb vier begann der Hexenmeister
   einen Trank zu brauen. ◯

8. Um zwanzig nach acht aß er einen Kräutersalat. ◯

9. Viele Male musste der Trank gerührt werden, bis er
   schließlich um Viertel nach zehn fertig war. ◯

10. Erschöpft fiel der Hexenmeister in sein Bett.
    Er las noch einige Seiten, bis ihm um fünf vor zwölf
    die Augen zufielen. ◯

GEMACHT!

Vogelfedern

meine TOP 10!

Edelstein

Fülle die Liste aus!

10
magische Gegenstände,
die ich besitze

1. _____

2. _____

3. _____

4. _____

5. _____

6. _____

7. _____

8. _____

9. _____

10. _____

10 GEMACHT!

Hokuspokus

... Mäusedreck, die Wörter fliegen alle weg. In jedem der zehn Zaubersprüche fehlt ein Wort. Damit die Zaubersprüche wieder funktionieren, musst du die richtigen Wörter einsetzen.

1.
Zauberstein und Tintenfleck,
fertig ist der _____
gedeckt!

2. Lirum, larum,
Schnirgelschreck,
eins der Dinge ist gleich
_____ .

3.
Nebel, Schwefel,
Beben, du _____
am Stuhle kleben!

4.
Besenstiel und Eulenschrei,
was _____ ,
kommt schnell herbei!

mene

Tisch

5.
_____
eins, zwei, drei,
fertig ist die Zauberei.

Pferdemist

6.
Hexenbesen,
_____
ein jeder jetzt
verzaubert ist.

7.
Ene, _____,
dackel, dickel,
du hast jetzt
'nen mega Pickel!

8.
Hokuspokus Fidibus
_____
schwarzer Kater!

weg

bleibst

9.
Zauberstab, Zylinderhut,
Zaubergeister, _____
jetzt gut!

Hokuspokus

verschwand

10.
Wagemut und
_____
ich dich nicht mehr
sehen mag!

dreimal

Donnerschlag

helft

10 GEMACHT!

15

Rätselnder Hut

Kennst du diese Dinge? Trage die gesuchten Wörter in die Kästchen ein. Achte dabei auf das au.

1.
2.
3.
4.
5.
6.
7.
8.
9.
10.

6. Schreckliches Erleben während des Schlafs

1. In Tropfenform am frühen Morgen auf Wiesen zu finden

7. Ausdruck für schlechtes Wetter, benannt nach einem weiblichen Schwein

2. Eine der drei Grundfarben

8. Haarbogen über dem Sehorgan

3. Nutzbares Gewächs, Pflanze (Einzahl)

9. Bauteile zur Errichtung einer Wand (Mehrzahl)

4. Anderes Wort für Magie

10. Dient der Wiedergabe von Sprache und Musik an einer Musikanlage

5. Zeitpunkt der Fertigstellung eines Hauses

GRUSELSCHREIIIEH!

Wie schreibt man ein langes i?
Im Deutschen gibt es vier verschiedene Möglichkeiten:
i, ie, ih oder ieh. Kreise die richtige Schreibweise ein.

1. wir 👁 F		wier 👁 P	
2. flien 👁 S		fliehen 👁 E	
3. sieht 👁 U		siht 👁 X	
4. spazieren 👁 E		spazihren 👁 B	
5. Spiehgel 👁 A		Spiegel 👁 R	
6. Tieger 👁 S		Tiger 👁 B	
7. friren 👁 K		frieren 👁 L	
8. Dieb 👁 I		Diehb 👁 N	
9. ihr 👁 T		ier 👁 Z	
10. Stihl 👁 U		Stiel 👁 Z	

Lösungswort:

1.	2.	3.	4.	5.	6.	7.	8.	9.	10.

Trage die Buchstaben hinter den richtigen Antworten
hier ein und du erhältst das Lösungswort,
mit dem du die Tür zur geheimen Kammer öffnen kannst.

KREIIISCH!

Schlage nach!

Setze jedes Wort im Zauberwörterbuch an die richtige Stelle. Du hast immer zwei zur Auswahl. Wenn du alles richtig gemacht hast, ergeben die Buchstaben in den Kreisen das magische Lösungswort.

1.

Nadelöhr
Nagel
nah

Narbe
natürlich
Natur

T

D

Nebel

2.

hundert
Hunger
hungrig

E

hüpfen
Hurra!

Husten
Hut

R

3.

zentral
zerkratzt

Zeugnis

A

M

zischen
Zitrone
Zitrusfrucht

Zettel
Zeuge

Mitternacht

anziehen

feucht

blass

Nahrung

schlottern

Wissen

Ziel

huschen

Experiment

4.
Mathematik
Matsch
matt
meckern

Medium
_____ R
Minister
Mitte
_____ C

5.
exakt
Examen
Expedition
_____ H
Experte

Expertin
_____ U
explodieren
extra

6.
schmuggeln
_____ F
Schloss
_____ E

Schoß
schwabbelig
schwach
Schwan
Seife

7.
fassen
faszinierend
fauchen
faul
_____ K

fegen
_____ N
Feuer
Feuerwehr
Feuerwerk

8.
_____ L
Blei
Blindschleiche
blond
Box

Brei
breit
_____ X
bremsen
Brennnessel

9.
weich
weichen
Weide
_____ U
Wort

Wurm
Wurzel
würzen
_____ Z
wütend

10.
Angel
Anlass
anschmiegen
anschnallen
anstatt

Antik
_____ Y
Anzahl
_____ T
Anzug

Lösungswort:

1.	2.	3.	4.	5.	6.	7.	B	8.	9.	10.

10 GEMACHT!

Magische Zahlenmauern

Kannst du die zehn Zahlenmauern vervollständigen? Die beiden unteren Steine addiert ergeben die Zahl des Steins darüber.

1.

| 170 | 50 | 40 |

2.

480

| 160 | 60 | |

3.

| 210 | 60 | 130 |

4.

645
320
165

5.

760
240
30

6.

	1000	
	230	190

7.

	1000	
250		
	110	

8.

	955	
450		
	95	

9.

	210	
137		
95		

10.

	784	
354		
	29	

WEGGEHEXT!

O je! In jeder Aufgabe ist eine Zahl verschwunden. Weißt du, welche?
Schreibe sie in die magischen Gefäße.

1. 369 + 21 =

2. 47 + ⬭ = 340

3. ⬭ + 630 = 750

4. 444 − ⬭ = 223

5. ⬭ − 125 = 525

6. 83 + 183 =

7. 150 − 73 =

8. 217 − ⬭ = 205

9. ⬭ + 15 = 96

10. ⬭ − 123 = 500

22

meine!
TOP 10!

Fülle die Liste aus!

Meine 10 Wünsche an die Zauberwelt

1. _____

2. _____

3. _____

4. _____

5. _____

6. _____

7. _____

8. _____

9. _____

10. _____

10 GEMACHT!

Voll versteckt!

Zehn Begriffe aus der Welt der geheimnisvollen Dinge sind in diesen kleinen Buchstabenquadraten senkrecht, waagerecht und diagonal versteckt. Findest du sie?

1. MIXTUR

A	G	F	H	I	C	B	F
E	D	V	H	U	T	S	W
C	S	W	E	N	M	O	Ö
X	T	Z	L	E	Y	W	R
K	M	I	X	T	U	R	S
Ä	B	N	E	F	R	E	I
X	D	K	H	Z	N	N	U
K	L	F	G	I	A	A	O

2. ZEICHEN

S	Z	E	T	T	D	I	O
F	E	Z	N	U	M	I	X
W	I	C	G	B	N	L	Ö
S	C	C	C	R	T	A	I
Ö	H	Y	T	B	N	J	U
E	E	R	C	B	V	G	T
Z	N	X	E	K	J	U	I
S	T	E	B	N	J	L	O

3. GEISTER

G	E	I	S	T	E	R	X
D	F	V	N	G	R	R	E
R	T	D	C	B	S	W	E
E	R	T	B	H	U	M	U
I	P	S	E	Ä	S	E	D
T	U	N	C	D	E	T	B
C	X	Y	Y	Z	T	B	C
D	E	T	K	O	P	D	B

4. FLUCH

E	R	Q	W	C	V	T	X
D	E	V	A	A	G	B	T
Z	U	B	X	D	E	M	E
X	S	U	M	M	I	F	C
E	V	G	T	Z	U	L	K
N	B	E	I	Ö	P	U	V
H	U	B	B	E	R	C	C
T	E	D	C	B	D	H	W

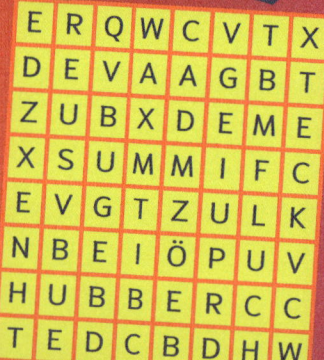

5. HEXER

Ö	D	C	F	T	E	R	S
D	E	R	T	B	K	L	Ö
S	C	H	E	N	B	V	A
S	G	F	H	T	Z	B	Q
O	D	N	X	E	V	M	I
E	R	F	C	A	X	T	Z
D	M	M	V	F	I	E	R
Ü	L	O	S	S	M	E	R

6. TAUSEND

```
A S C G T E C B
N J U H I K M N
B G G G H U T F
S C B V F F I Z
B N K L E C F R
T A U S E N D R
H U T T D C E N
N B C D E R P I
```

7. KOBOLD

```
G A S C B G E R
D E E G T U S T
I K I O P D B E
T O N F S W E M
Q B U V X M I N
P O L I M E I Z
J L T B O C H I
M D C J E M K P
```

8. BOTE

```
E R C V N D E S
S D C B N H H I
U T G M L O P Y
A Q V B A K A H
A V R E E C R V
U V X X D E G N
U F G B O T E P
C G N S T E V I
```

10. EINHORN

```
D H Z E R V T Z
B I U I C M K S
X B E N E V B N
W I U H T Z H J
Ö X B O Y K H D
T P O R R K L Ö
C N D N B N U T
S C E R H D F T
```

9. BRILLE

```
S K L E R C B T
S C R T B K K P
Ü S L I K E C H
X W U M L U T L
V M M L E O P M
T A I M K L Ö N
K R A M M X D R
B C H U T Z E R
```

Zauberbrücken

Setze diese zehn Begriffe an den richtigen Stellen ein, sodass immer zwei sinnvolle Wörter entstehen.

MOND	SCHEIN	WERFER
AUTO	_____	HOF
HEXEN	_____	STIEL
KRISTALL	_____	BLITZ
KLEE	_____	SALAT
WASSER	_____	SCHEIBE
FENSTER	_____	SCHLAG
NACHT	_____	KRAGEN
SPIEGEL	_____	GELB
GIFT	_____	SCHMERZEN

BAHN

BESEN

EI

~~SCHEIN~~

GLAS

BLATT

HEMD

KUGEL

FLÜGEL

ZAHN

10 GEMACHT!

Sweet – sour

Süß und sauer. Diese zehn englischen Paare beschreiben Gegensätze.
Finde die richtigen Paare und schreibe die Wörter auf die Linien.

1. **sweet** – _____
   süß

2. **long** – _____
   lang

3. **top** – _____
   oben

4. **dark** – _____
   dunkel

5. **good** – _____
   gut

6. **soft** – _____
   weich

7. **black** – _____
   schwarz

8. **young** – _____
   jung

9. **small** – _____
   klein

10. **night** – _____
    Nacht

white
weiß

bad
schlecht

hard
hart

short
kurz

day
Tag

sour
sauer

big
groß

bottom
unten

old
alt

light
hell

10
GEMACHT!

27

Einen Besen

meine TOP 10!

Fülle die Liste aus!

Schwarzen Humor

10 Dinge,
die jede Hexe braucht

1. _____
2. _____
3. _____
4. _____
5. _____
6. _____
7. _____
8. _____
9. _____
10. _____

10 GEMACHT!

Magisches Zahlenquadrat

Löse die magischen Quadrate. Addiert ergeben die Zahlen in jeder Zeile, jeder Spalte und in den beiden diagonalen Reihen die Zauberzahl.

1. (15)

6		
2		4

2.

		11
	12	10
13		

3.

4		
9		5
8		

4. (30)

7		
11		13

5.

11		
	8	
9		5

6. (18)

	6	
	2	7

7. (27)

		8
	9	
		12

8.

1		
6		2
5		

9. (33)

		8
14		12

10. Siehst du das große magische Quadrat, das durch die Zahlen in den grünen Kästchen entsteht? Welche Zahl ist die Superzauberzahl? Hex, hex.

29

Finde die Wörter

Welche zehn Wörter sind gesucht? Die Zahlen neben den Bildern verraten dir, welche Buchstaben du streichen oder gegen andere austauschen sollst.

1 = E + S

1.

1 = R

2.

+H

3.

4.

4 = N
5 = E

5.

1 = T
4 = T
6 = N

1, 2, 3
4 = F

6. | | | | | | | | | | |

2 = A
3 4
1 = G

7. | | | | | | | |

4 = L

8. | | | | | | | | | | |

3 = L
5

1 = S
2 = U
3 = P

9. | | | | | | | | | |

1, 2
5 = E

1, 4

1
2 = M
5

10. | | | | | | | | |

EIN WORT PASST NICHT!

In jeder Reihe hat sich ein Wort eingeschlichen, das nicht passt.
Weißt du, welches? Kreise es ein.

1. magisch zauberhaft geheimnisvoll sonnig rätselhaft

2. Tinktur Ausweis Zauberstab Giftpilz Amulett

3. moosgrün steingrau rabenschwarz feuerrot lila

4. hexen heben halten hundert herbeizaubern

5. Schloss Burg Wolkenkratzer Festung Hexenhaus

6. Regen Honig Hagel Wind Donner

7. Einhorn Elfe Troll Biene Oger

8. spuken umhergeistern erschrecken verstecken frühstücken

9. auf unter in unheimlich vor

10. Geist Geier Geheimnis Eigentum Gorilla

10 GEMACHT!

meine TOP 10!

Fülle die Liste aus!

Die
10 besten Orte
für ein magisches Geheimtreffen

1. _____

2. _____

3. _____

4. _____

5. _____

6. _____

7. _____

8. _____

9. _____

10. _____

10 GEMACHT!

Zaubergeschichten

Kennst du dich mit Zauberformeln und Kräuterkunde aus? Lies die kleinen Geschichten und fülle die Lücken mit den richtigen Begriffen aus.

Zauberlehrlinge sollten das Abc der Zauberwelt

beherrschen: von A wie _____ .

bis Z wie _____

Wichtig sind auch Kenntnisse über magische

Gegenstände wie _____

Kannst du in eurer Küche _____

von Petersilie unterscheiden? Prima, dann hast du

eine _____ schon bestanden.

Steine und Kristalle

Abrakadabra

Salbei   Prüfung   Zahlenmagie

Was ist eigentlich Magie?

Die _____

_____ der Hexen und Hexer

sowie Zauberinnen und Zauberer, Einfluss zu nehmen

auf Menschen, Tiere und die _____

Dies kann in guter oder böser _____

geschehen. Zu den magischen Künsten zählt auch die

_____ , beispielsweise die

Zukunftsdeutung mithilfe einer _____

_____ .

Kunst   Kristallkugel

Absicht   Natur   Wahrsagerei

10 GEMACHT!

34

Read backwards

Lies rückwärts und ordne die zehn englischen Wörter den Bildern zu.

1. RETTEL

2. KNI

3. TAH CIGAM

4. NAICIGAM

5. TAC KCALB

6. TAB

7. BEWREDIPS

8. LWO

9. LLUCS

10. TSOHG

schau genau!

Finde die zehn Unterschiede zwischen den Bildern
und kreise sie im unteren Bild ein.

Verhexter Besen

Setze den Hut und den Besen in die zehn freien Felder des Gitters ein. Beachte: In jeder Zeile und Spalte müssen beide Symbole gleich oft vorkommen. Senkrecht und waagerecht dürfen nicht mehr als zwei gleiche Symbole nebeneinanderstehen.

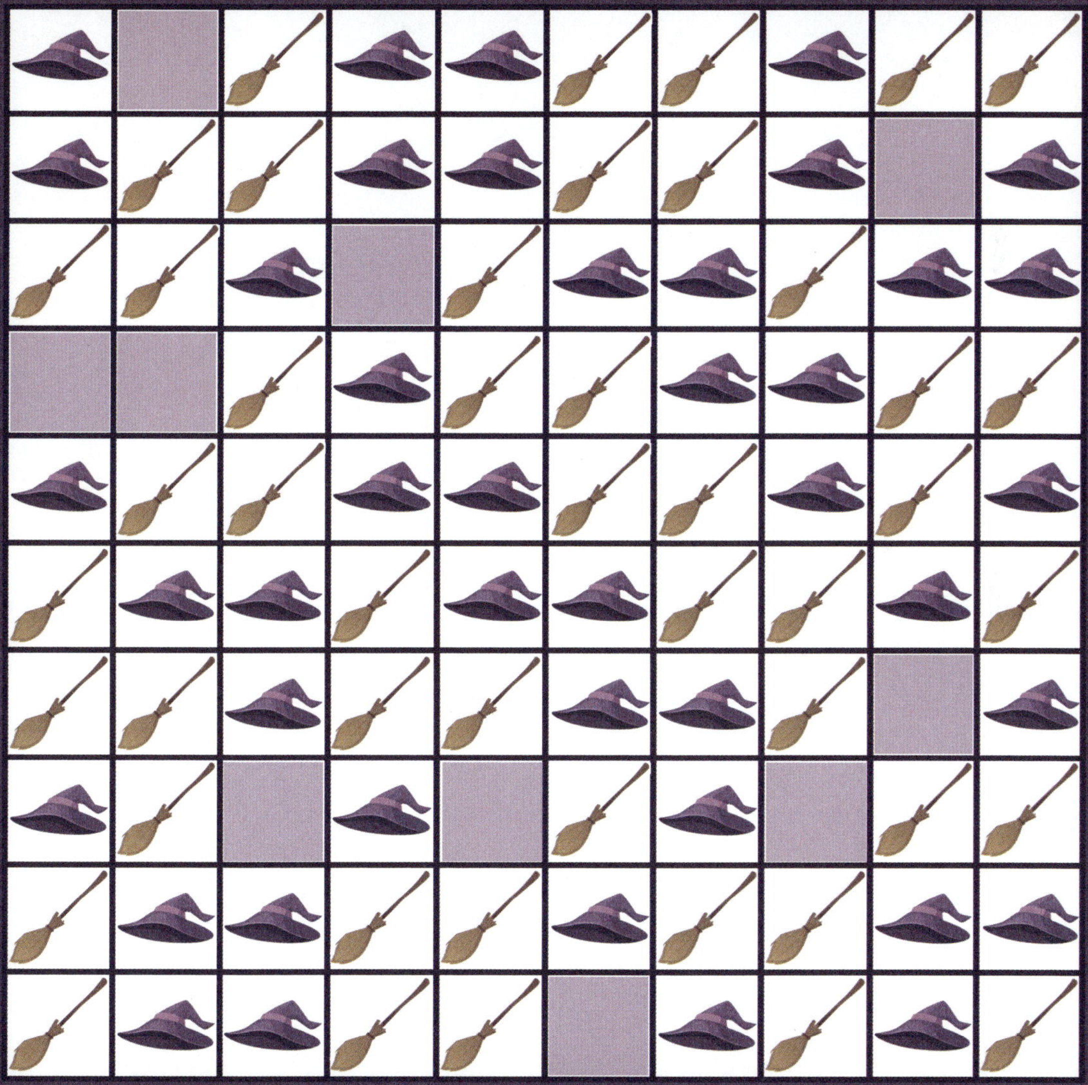

10 GEMACHT!

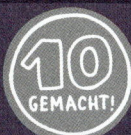

Doppelkonsonant – oder nicht?

Das hat nichts mit Hexerei zu tun, sondern mit einem kurz gesprochenen Vokal davor. Wie schreibst du richtig? Kreise ein.

1. **Krähenkralle**   Krähenkrale

2. **Irlicht**   Irrlicht

3. **Pergament**   Pergamment

4. **Flamenzauber**   Flammenzauber

5. **verdammt**   verdamt

6. **Spine**   Spinne

7. **dunkle Maggie**   dunkle Magie

8. **fallen**   falen

9. **Hexenkesel**   Hexenkessel

10. **Zauberstab**   Zauberstabb

10
GEMACHT!

Gruselgitter

Finde für diese zehn Wörter den richtigen Platz im Rätselgitter.

4 Buchstaben
EULE

5 Buchstaben
HAGEL
KRAFT

6 Buchstaben
EINZIG
STEINE
STERNE

7 Buchstaben
EINHORN

10 Buchstaben
HEXENSALBE
ZAUBERBUCH

11 Buchstaben
VERWANDLUNG

10
GEMACHT!

Zauberwelten-Test

Steckt in dir ein magisches Wesen?

Beantworte die zehn Fragen und finde es heraus.
Kreuze deine Antworten an.

1.
Glaubst du an Zauberkräfte?

- Ja
- Nein
- Manchmal

2.
Was würdest du dir von einer guten Fee wünschen?

- Edelstein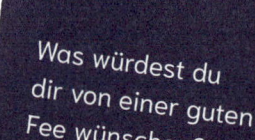
- Smartphone
- Zauberstab

3.
Wähle eine dieser magischen Farben:

- Schwarz
- Lila
- Gelb

4.
Was denkst du, wenn du einen Regenbogen siehst?

- Das ist reine Physik.
- Oh, wie schön.
- Das ist magisch.

5.
Du begegnest einem Waldelf. Was tust du?

- Ich lade ihn zu einer Tasse Kräutertee ein.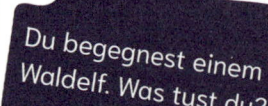
- Ich frage ihn nach dem Weg.
- Ich renne schreiend weg.

6.

Manchmal passieren Dinge, die man nicht genau erklären kann. Was sagst du dazu?

- Das ist ganz schön unheimlich. ◊◊
- Das ist toll. ◊◊◊
- Habe ich noch nie erlebt. ◊

7.

Weißt du, wofür der Begriff „Hexagon" steht?

- Schwund der Zauberkräfte ◊
- Sechseck ◊◊◊
- Irgendwas mit Mathe ◊◊

8.

Welches Fabelwesen wärst du am liebsten?

- Trauriger Troll ◊
- Fröhlicher Flaschengeist ◊◊
- Elegantes Einhorn ◊◊◊

9.

Mit einem langen wehenden Mantel verwandelst du dich in ...

- einen weisen Magier ◊◊◊
- eine böse Hexe ◊◊
- deinen Sportlehrer ◊

10.

Wenn du ein Haustier mit schwarzem Fell oder Gefieder hättest, wäre das ein ...

- Rabe ◊◊◊
- Panther ◊◊
- Käfer ◊◊

Gut gemacht. Zähle die Anzahl der Zauberkristalle hinter deinen Antworten.

◊

Die Auflösung findest du auf Seite 77.

FOLLOW THE LINE

Folge der Linie – und finde heraus, welche zehn englischen Wörter aus der Zauberwelt gesucht sind. Schreibe sie auf.

Tipp: Die Anfangsbuchstaben sind bereits markiert.

Zauberbuch

K **M** G C

O   O

B A I

1. magic book

Geist

G T

     O

S H

2. _____

Knochen

S **B**

E   N

O

3. _____

Bann

S L

E

P L

4. _____

Zauberer

W R Z

D A I

5. _____

Trank

O I N

P T O

6. _____

Dreieck

E G A R

L N I T

7. _____

Hexerei

R W T T

F H

A C I C

8. _____

Kerzenleuchter

H I N E

E L

C R A D

9. _____

Bergkristall

T C R Y C

L A

R O K S

10. _____

WORTSPEICHER

bones = Knochen, chandelier = Kerzenleuchter,
ghost = Geist, potion = Trank, magic book = Zauberbuch,
rock crystal = Bergkristall, spell = Bann, triangle = Dreieck,
witchcraft = Hexerei, wizard = Zauberer

10 GEMACHT!

Silbenspuk

Setze die Silben zu zehn sinnvollen Wörtern zusammen
und schreibe sie mit dem richtigen Artikel auf.

Ker Be fe ku Schlüs trank gel He
sel ber be Glas gel ze Zau
der Spie gel Vo sen te Rü buch Hals
ket xen Spie

1. _____

2. _____

3. _____

4. _____

5. _____

6. _____

7. _____

8. _____

9. _____

10. _____

10 GEMACHT!

44

Eins, zwei, drei ...

Hier ist Köpfchen gefragt.
Finde die Zahlenregel und setze die Reihen fort.

Regel:

1. 1, 3, 5, 7, 9, 11, _____   _____

2. 14, 25, 36, 47, 58, _____   _____

3. 2, 4, 5, 7, 8, 10, _____   _____

4. 10, 12, 11, 13, 12, 14, _____   _____

5. 3, 7, 13, 17, 23, 27, _____   _____

6. 5, 25, 125, 600, _____   _____

7. 12, 13, 15, 18, 22, _____   _____

8. 83, 80, 77, 74, 71, _____   _____

9. 105, 95, 96, 86, 87, _____   _____

10. 7, 14, 21, 28, 35, _____   _____

Veränderung

Magie macht alles besser.

10 Gründe,

warum die Welt Zauberinnen und Zauberer braucht

1. _____

2. _____

3. _____

4. _____

5. _____

6. _____

7. _____

8. _____

9. _____

10. _____

10 GEMACHT!

Hidden words

Versteckte Wörter – findest du ganz leicht. In jedem der zehn englischen Wörter ist ein anderes englisches Wort verborgen. Suche diese Wörter und kreise sie ein:

ALLOW

ITCH

LACE

ARROW

LACK

1. BROOMSTICK

2. NARROW

3. BOWL

4. WITCHCRAFT

5. CROW'S NEST

6. GLOVES

7. HALLOWEEN

8. BLESSING

9. BLACK

10. NECKLACE

LESS

LOVE

OWL

ROOM

ROW

(to) allow – erlauben,
arrow – der Pfeil,
(to) itch – jucken,
lack – der Mangel,
lace – der Schnürsenkel,

less – weniger,
love – die Liebe,
owl – die Eule,
room – der Raum,
row – die Reihe

10 GEMACHT!

47

Ich sehe ...

... ein ziemliches Buchstabenchaos. Bringe die Buchstaben in die richtige Reihenfolge und schreibe sie auf. Dann siehst du, was die Zukunft bringt.

1. F I A E S N R P E ß

2. S I E T E R O T

3. B I E B H G U I C S L L N

4. A Y A M T J R Y P P A

5. A R E D C F U N S T H F

48

6. T E S T E N T B R I

7. C H O C U O K S R K

8. U B E T U R R E N E Z R R/R A

9. A T H E R N U W D A N N G C

10. F A G A B U S H E A U N

10 GEMACHT!

HUNDERTER-PUZZLE

Fülle die Ausschnitte aus der Hundertertafel
mit den richtigen Zahlen aus.

1.

2.
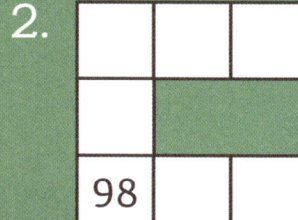

3.
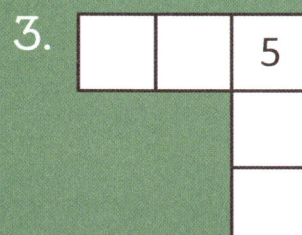

4.
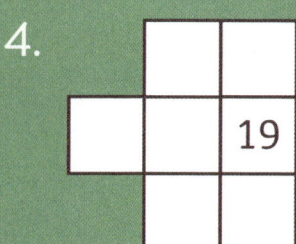

5.
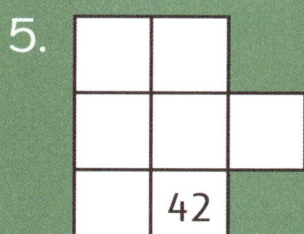

6.

7.

8.

9.

10.

meine TOP 10!

Fülle die Liste aus!

Wolkenloser Sternenhimmel

Oben auf dem Riesenrad

10 magische Momente, bei denen mir der Mund offen stehen bleibt

1. _____

2. _____

3. _____

4. _____

5. _____

6. _____

7. _____

8. _____

9. _____

10. _____

10 GEMACHT!

Richtig oder falsch?
Aufnahmeprüfung für die zauberschule

Zeige, wie gut du dich auskennst in der Welt der Magie.
Check die Fakten und kreuze an, ob die Aussage stimmt oder nicht.

1. Das Wort „Hexe" ist vom althochdeutschen „hagezussa" abgeleitet und bedeutet gefährliches Wesen.

Richtig ◯   Falsch ◯

2. Bei einer Alraune handelt es sich um eine menschen-förmige Wurzel, der man Zauberkräfte nachsagt.

Richtig ◯   Falsch ◯

3. Einer alten Sage nach kann ein Zauberstab nur seine volle Wirkung entfalten, wenn er mindestens 35 Zentimeter misst.

Richtig ◯   Falsch ◯

4. Eine Zaubernuss ist eine Kokosnuss, die sprechen kann.

Richtig ◯   Falsch ◯

5. Es gibt weiße Magie, schwarze Magie und blaue Magie.

Richtig ◯   Falsch ◯

6. Eine Wünschelrute ist ein Y–förmiges Instrument, mit dem es möglich sein soll, Wasseradern aufzuspüren.

Richtig ◯   Falsch ◯

7. Gnome, Zwerge, Trolle und Flaschengeister sind geheimnis–volle Geschöpfe, die auch Fabelwesen genannt werden.

Richtig ◯   Falsch ◯

8. Nach aktuellen Schätzungen gibt es zwischen 2 und 5 Millionen Pilzarten, nur 120 000 davon sind bekannt.

Richtig ◯   Falsch ◯

9. Ein Incubus ist ein nachtaktiver Dämon, der Albträume verursacht.

Richtig ◯   Falsch ◯

10. Das von Magierinnen und Magiern meist genutzte Fluggerät ist der Besen.

Richtig ◯   Falsch ◯

10 GEMACHT!

Zauberhafte Zutaten

Eine Prise 17, dazu eine 24 und dann kräftig umrühren, fertig ist der Rechentrank. Löse diese Kettenaufgaben und schreibe die Ergebnisse in den Hexenkessel.

1.

$$5 + 20 \cdot 4 + 13 - 7 =$$

2.

$$4 \cdot 8 - 22 + 77 + 13 =$$

3.

$$2 \cdot 5 \cdot 13 \cdot 2 - 1 =$$

4.

$$10 : 2 + 3 \cdot 8 - 51 =$$

5.

$$13 + 7 - 11 : 3 - 2 =$$

Tipp:
Rechne der Reihe nach –
von oben nach unten!
„Punkt vor Strich" gilt hier nicht.

6.

13
+
13
+
13
+
13
:
13
=

7.

31
+
5
:
6
+
7
·
2
=

8.

99
:
3
+
2
·
3
−
92
=

9.

100
:
4
:
5
+
13
:
9
=

10.

17
+
31
+
7
+
13
+
11
=

55

Knack den Code!

Finde heraus, welche Zahl für welchen Buchstaben steht, und entschlüssle die zehn Wörter.

1.

2	7	9	3	3	10

2.

8	1	7	5	10

3.

5	1	6	2	10	7	8	1	3	4

4.

8	9	3	4

5.

8	6	7	5	10	3

6.

2	9	3	4

7.

7	10	5	10	P	T	6	7

8.

4	9	10	2

9.

5	9	10	3

10.

4	7	6	9	4	10

Tipp:

Hier kannst du die Buchstaben eintragen, die du bereits herausgefunden hast.

1	2	3	4	5	6	7	8	9	10
		L		Z		R			

Wer wohnt wo?

Im Zauberwald leben viele verschiedene Wesen. Wer ist wo zu Hause?
Und welchen Gegenstand trägt jedes Zauberwesen?
Fülle anhand der zehn Hinweise die Tabelle unten aus.

1. Der Nachbar des Trollmädchens lebt in einer Höhle.

2. Weder das Trollmädchen noch der Oger besitzen eine Vogelfeder.

3. Der Oger lebt in einer Höhle.

4. Neben der Höhle befindet sich ein Felsen.

5. Die Waldbewohnerin ganz links ist das Trollmädchen.

6. Der Waldelf liebt Vogelfedern.

7. Die Nachbarin des Ogers erfreut sich an Kristallen.

8. Der Nachbar des Waldelfen trägt ein Amulett.

9. Die Nachbarin des Ogers lebt am Felsen.

10. Die Besitzerin der Kristalle lebt nicht in einem Baumhaus.

Waldbewohnerin und Waldbewohner	1	2	3
Ich bin ein ...			
Mein Zuhause ist ...			
Welchen Gegenstand trage ich?			

10 GEMACHT!

Magische Kreise

Ersetze die Fragezeichen durch Buchstaben und schreibe die zehn Zauberbegriffe auf. An welcher Stelle das Wort beginnt, musst du selbst herausfinden.

1. _____

2. _____

3. _____

4. _____

5. _____

6. _____

7. _____

8. _____

9. _____

10. _____

meine
TOP 10!

Fülle die Liste aus!

10 geheimnisvolle Fabelwesen,

denen ich gerne begegnen würde

1.
2.
3.
4.
5.
6.
7.
8.
9.
10.

Gute Fee

Elfen

10 GEMACHT!

Fehlerteufel

Hier stimmt doch etwas nicht! Diese zehn Wörter haben ziemlich viele Buchstaben. Okay, aber einer ist zu viel. Streiche den Fehlerteufel weg.

1. RAHBENSCHWARZ

2. HOKKUSPOKUS

3. HEXEIREI

4. ZAUBERKAFFT

5. VIERFLUCHT

6. FROOSCH

7. KRELCH

8. RÄTZSELHAFT

9. UNGEUHEUER

10. FLUGGERRÄT

Sim-sala-doku

Hier sind schlaue Köpfe gefragt: Welche Zahlen fehlen? Löse die zehn kleinen Sudokus. So gehts: In jeder Zeile (waagerechte Reihe), in jeder Spalte (senkrechte Reihe) und in jedem kleinen Quadrat dürfen die Zahlen 1 bis 4 jeweils nur einmal vorkommen.

1.

4	1		
	2		1
		3	
	3	1	4

2.

1		4	
			1
2	3		4
	1		2

3.

	2		
3	4	2	
2	3	1	
4			

4.

3	2	1	
4		2	3
1		3	
	3		

5.

1			
3	4	1	
			3
	3	4	

6.

4			
	3	4	1
1	4	3	
		1	

7.

3	4	1	
	2		
			2
	1	4	3

8.

2			1
	4	3	
	1	2	
3			4

9.

		1	
4			
			2
	3		

10.

	2		1
3		2	

10 GEMACHT!

Magic 4

Magische 4 – immer vier Wörter mit je vier Buchstaben ergeben ein Lösungswort mit ebenfalls vier Buchstaben. Setze diese englischen Wörter an den richtigen Stellen ein und streiche sie in der Liste weg:

ACES BACK BLOT BLUE
BODY BOSS CHIN CLAW
COAT DARK DICE DOOR
DROP DUCK ECHO EGGS
EXIT FAIL FEAR FIRE
GAME GIFT GOLD HAND
HATS HEAT HUGE KING
LATE LEFT MEAN MOON
RARE RULE SOIL STEP
VOTE WALK WISH ZERO

1.

	B			K
B			T	
	V		E	
D		C		

2.

A			S	
	E		T	
	R		E	
G		E		

3.

	E		O	
F		R		
	S		P	
W		H		

4.

C		W		
	F		L	
M		N		
G		D		

aces = Asse	boss = Boss	dice = Würfel	eggs = Eier	game = Spiel
back = zurück	chin = Kinn	door = Tür	exit = Ausgang	gift = Geschenk
blot = Fleck	claw = Kralle	drop = Tropfen	to fail = scheitern	gold = Gold
blue = blau	coat = Mantel	duck = Ente	fear = Angst	hand = Hand
body = Körper	dark = dunkel	echo = Echo	fire = Feuer	hats = Hüte

5. H _ _ D | _ S _ L | _ D _ K | G _ _ T

6. _ L _ T | B _ _ S | Z _ O _ | D _ E

7. B _ _ Y _ | _ E _ S | H _ _ S | D _ P

Tipp:
Der Anfangs-
buchstabe und der
Endbuchstabe sind
vorgegeben.

8. _ C _ T | F _ E _ | _ D _ R | W _ K

9. _ B _ E | H _ E _ | H _ T _ | _ M _ N

10. C _ _ N | L _ _ E | K _ _ G | R _ E

heat = Hitze	mean = gemein	step = Schritt
huge = riesig	moon = Mond	vote = Wahl
king = König	rare = selten	to walk = gehen
late = spät	rule = Regel	wish = Wunsch
left = links	soil = Erde	zero = Null

10
GEMACHT!

meine TOP 10!

Fülle die Liste aus!

Orangensaft

Krötenschleim

10 Zutaten, die in jeden Zaubertrank gehören

1. _____

2. _____

3. _____

4. _____

5. _____

6. _____

7. _____

8. _____

9. _____

10. _____

10 GEMACHT!

Rechne und male aus!

Hier fehlt Farbe! Rechne die Aufgaben und male im Bild unten die Felder
mit der Ergebniszahl in der entsprechenden Farbe aus.

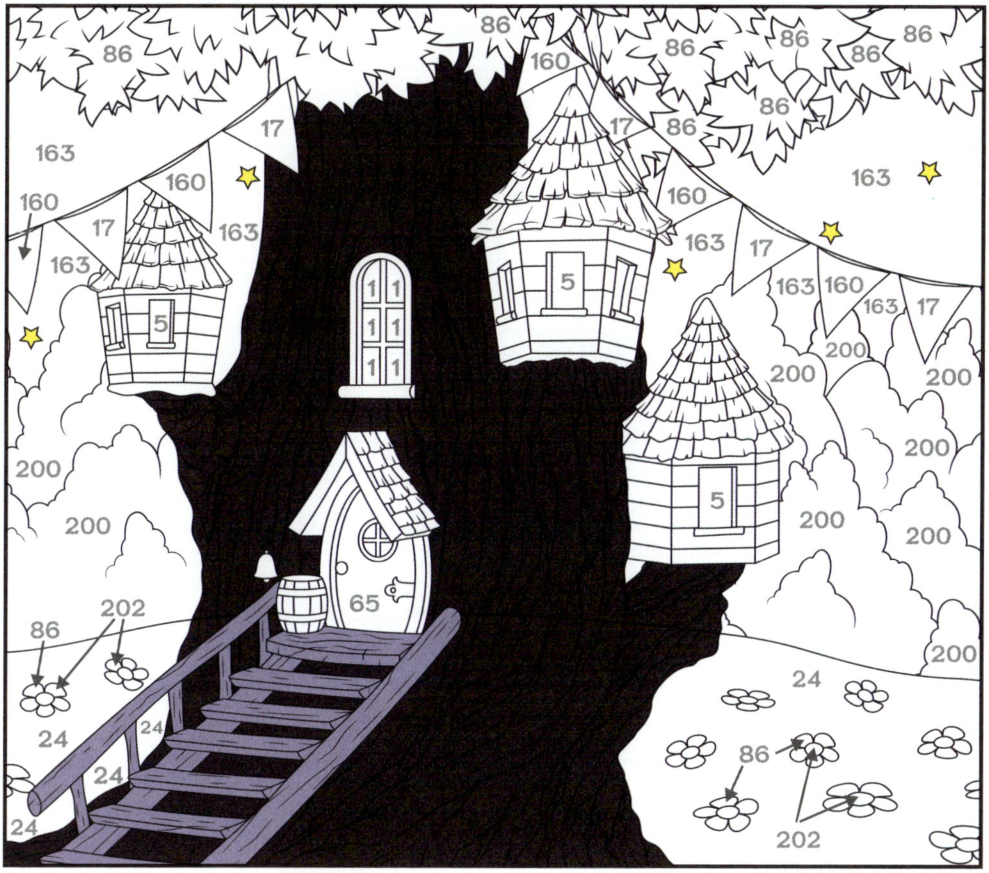

1. 48 + 17 =

2. 186 + 14 =

3. 375 – 173 =

4. 2 · 3 · 4 =

5. 51 : 3 =

6. 144 + 23 – 4 =

7. 12 : 6 : 2 =

8. 125 : 25 =

9. (17 + 3) · 8 =

10. 685 – 599 =

Die Farben für die restlichen Flächen darfst du
ganz nach deinem Geschmack dazu hexen!

GEGENZAUBER

Um den Fluch aufzuheben, musst du in diesen zehn Sätzen die Zauberwörter finden. Sie ergeben vorwärts wie rückwärts gelesen einen Sinn. Schreibe sie auf die Linien.

1. Bei Ebbe ist das Meer wie weggehext. _____

2. Alle Zauberbücher stehen im Regal. _____

3. Die Zauberin hat drei Neffen, ihr Bruder drei Söhne. _____

4. Der Uhu ruft in der Nacht. _____

5. Was für ein Gag, die Zaubertinte ist weg! _____

6. Mein Freund Otto verkauft Zauberstäbe. _____

7. Ein Drache mit Flügeln ist ein märchenhaftes Reittier. _____

8. Wenn Esel krähen, sind sie verhext. _____

9. Der Nebel liegt über Wiesen und Feldern. _____

10. Graf Dracula ruht in einem Sarg. _____

Diese Wörter heißen Palindrom.

Tipp:
Ein Tor kann auch mal rot sein.

10
GEMACHT!

Fill in the gap

Fülle die Lücke. Ergänze die Wörter mit den richtigen Buchstaben.

1. SPOO _ Y

2. WI _ CH

3. K _ TTLE

4. HOURGL _ SS

5. _ ROG

6. SUPE _ NATURAL

7. MAGI _ WAND

8. DRAG _ N

9. ROTTEN EG _ S

10. MAGIC SPE _ L

kettle – der Kessel,
frog – der Frosch,
hourglass – die Sanduhr,
spooky – unheimlich,
magic spell – der Zauberspruch,
rotten eggs – faule Eier,
magic wand – der Zauberstab,
dragon – der Drache,
supernatural – übernatürlich,
witch – die Hexe

6.

Welche Hexenzahl erhalte ich, wenn ich das Doppelte von 4 um 17 vergrößere?

7.

Welche Hexenzahl ist die Hälfte der Differenz aus 100 und 90?

8.

Wenn ich von meiner Hexenzahl 40 subtrahiere und dann das Ergebnis verdopple, erhalte ich 560. Wie heißt meine Hexenzahl?

9.

Ich multipliziere meine Hexenzahl mit 3, ziehe dann 72 ab und erhalte 36. Wie heißt meine Hexenzahl?

10.

Welche Hexenzahl musst du zur kleinsten zweistelligen Zahl addieren, um das Doppelte der Summe aus 17 und 23 zu erhalten?

10 GEMACHT!

meine TOP 10!

Fülle die Liste aus!

10 Dinge,
in die ich mich gerne verwandeln würde

1. _____

2. _____

3. _____

4. _____

5. _____

6. _____

7. _____

8. _____

9. _____

10. _____

Stein am Wegesrand

10 GEMACHT!

72

GEHEIME BOTSCHAFTEN

1. HEILFFLIEH!

2. NUCHE NETERSILIE NEI NOLLMOND

3. HOEOUOTOE UOMO AOCOHOT

4. B A 14 14 5 D 5 14 DÄM O 14!

5. I Z S A T U I B N E G R E L F A A N H D R!

6. KUMM ZUM HUXUNTRUFFUN UUF DUM BURG.

7. A D T F L I H N E I R E B U A Z Z T U H C S

8. BEEIL DICH, GSTR WRTN NCHT, SCHNLL SND SIE WG.

9. DUH ASTD IEM ACHT

10. FFIINNDDEEMMUUSSCCHHEELLNN.

10 GEMACHT!

73

Lösungen

Seite 4

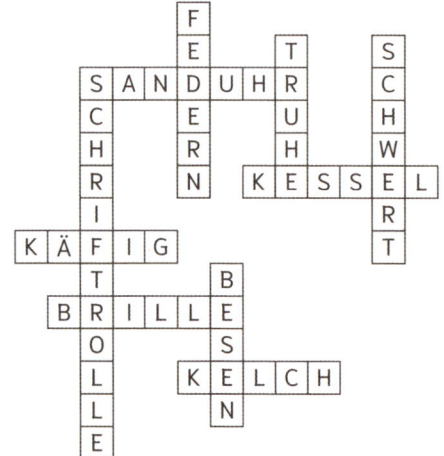

```
          F           T           S
     S A N D U H R     C
     C     E     R     H
     H     E     U     W
     R     R     H   K E S S E L
     I     N             R
 K Ä F I G               T
     T           B
   B R I L L E   E
     O           S
     L       K E L C H
     L           N
     E
```

Seite 5

1. $7 \cdot 7 = 49$
2. $25 - 3 \cdot 5 = 10$
3. $25 + 25 + 25 + 25 = 100$
4. $10 \cdot 4 + 13 = 53$
5. $108 + 35 = 143$
6. $25 + 5 + 17 = 47$
7. $25 - 17 = 8$
8. $52 + 52 + 2 = 106$
9. $8 : 2 + 21 = 108 - 83$
10. $11 \cdot 9 + 1 \cdot 9 = 108$

 = 21

 = 4

 = 52

= 25

= 5

 = 17

 = 108

 = 8

 = 9

 = 7

Seite 6

 seven

two

ten

one

six

four

nine

eight

three

 five

Seite 7

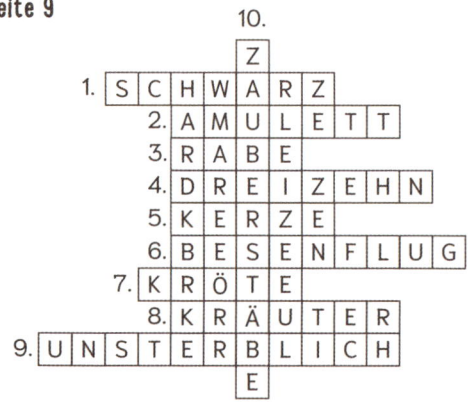

1	0	1	1	0	0	1	0	1	0
0	0	1	0	0	1	1	0	1	1
1	1	0	1	1	0	0	1	0	0
1	1	0	0	1	0	1	0	1	0
0	0	1	1	0	0	1	0	1	1
1	1	0	1	1	0	0	1	0	0
0	1	1	0	0	1	1	0	0	1
0	0	1	0	0	1	1	0	1	1
1	0	0	1	1	0	0	0	1	0
0	1	0	0	1	1	0	1	0	1

Seite 9

```
                      10.
                       Z
 1. S C H W A R Z
    2. A M U L E T T
    3. R A B E
    4. D R E I Z E H N
    5. K E R Z E
    6. B E S E N F L U G
 7. K R Ö T E
    8. K R Ä U T E R
 9. U N S T E R B L I C H
                       E
```

Seite 10

1. Zeitreise
2. Spiegelbild
3. Glaskugel
4. Schreibfeder
5. Sternenregen
6. Edelstein
7. Märchenhexe
8. Zauberformel
9. Bergkristall
10. Zahlenmagie

Seite 11

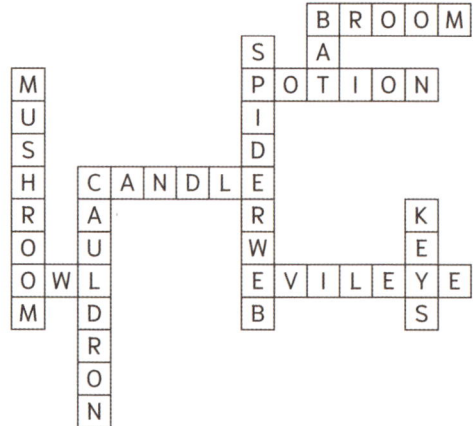

```
                     B R O O M
                 S   A
     M           P O T I O N
     U           I
     S           D
     H   C A N D L E
     R   A       R           K
     O   U       W           E
     O W L       E V I L E Y E
     M   D       B           S
         R
         O
         N
```

Seite 12

1. E, 2. B, 3. C, 4. H, 5. A, 6. I, 7. F, 8. J, 9. D, 10. G

Seite 14–15

1. Tisch, 2. weg, 3. bleibst, 4. verschwand,
5. Hokuspokus, 6. Pferdemist, 7. mene, 8. dreimal,
9. helft, 10. Donnerschlag

Seite 16

1. **T A U**
2. **B L A U**
3. **K R A U T**
4. **Z A U B E R**
5. **B A U J A H R**
6. **A L B T R A U M**
7. **S A U W E T T E R**
8. **A U G E N B R A U E**
9. **M A U E R S T E I N E**
10. **L A U T S P R E C H E R**

Seite 17

1. wir, 2. fliehen, 3. sieht, 4. spazieren, 5. Spiegel,
6. Tiger, 7. frieren, 8. Dieb, 9. ihr, 10. Stiel

Lösungswort: FEUERBLITZ

Seite 18–19

1.	nah	**Nahrung**	Narbe
2.	Hurra!	**huschen**	Husten
3.	Zeugnis	**Ziel**	zischen
4.	Mitte	**Mitternacht**	
5.	Expedition	**Experiment**	Experte
6.	Schloss	**schlottern**	Schoß
7.	fegen	**feucht**	Feuer
8.		**blass**	Blei
9.	Weide	**Wissen**	Wort
10.	Anzahl	**anziehen**	Anzug

Lösungswort: DRACHENBLUT

Seite 20–21

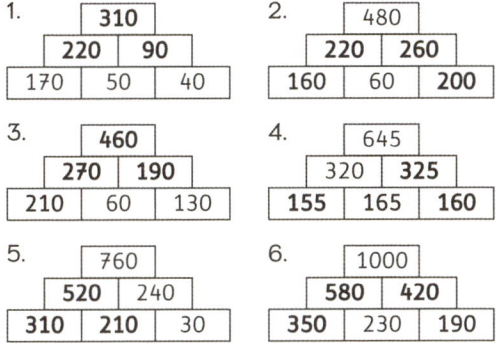

1.
	310	
220	90	
170	50	40

2.
	480	
220	260	
160	60	200

3.
	460	
270	190	
210	60	130

4.
	645	
320	325	
155	165	160

5.
	760	
520	240	
310	210	30

6.
	1000	
580	420	
350	230	190

7.
	1000	
250	**750**	
140	110	**640**

8.
	955	
450	**505**	
355	95	**410**

9.
	210	
137	**73**	
95	**42**	**31**

10.
	784	
354	**430**	
325	29	**401**

Seite 22

1. 369 + 21 = **390**
2. 47 + 293 = 340
3. **120** + 630 = 750
4. 444 − **221** = 223
5. **650** − 125 = 525
6. 83 + 183 = **266**
7. 150 − 73 = **77**
8. 217 − **12** = 205
9. **81** + 15 = 96
10. **623** − 123 = 500

Seite 24–25

1.
```
A G F H I C B F
E D V H U T S W
C S W E N M O Ö
X T Z L E Y W R
K M I X T U R S
Ä B N E F R E I
X D K H Z N N U
K L F G I A A O
```
(MIXTUR)

2.
```
S Z E T T D I O
F E Z N U M I X
W I C G B N L Ö
S C C C R T A I
Ö H Y T B N J U
E E R C B V G T
Z N X L C N U I
S T E B N J L O
```
(ZECINE)

3.
```
G E I S T E R X
D F V N G R R E
R T D C B S W E
E R T B H U M U
I P S E Ä S E D
T U N C D E T B
C X Y Y Z T B C
D E T K O P D B
```
(GEISTER)

4.
```
E R Q W C V T X
D E V A A G B T
Z U B X D E M E
X S U M M I F C
E V G T Z U L K
N B E I Ö P U V
H U B B E R C C
T E D C B D H W
```
(FLUCH)

5.
```
Ö D C F T E R S
D E R T B K L Ö
S C H E N B V A
S G F H T Z B Q
O D N X E V M I
E R F C A X T Z
D M M V F I E R
Ü L O S S M E R
```
(HEXIER)

6.
```
A S C G T E C H
N J U H I K M P
B G G G H U T S
S C B V F F I A
B N K L E C F R
T A U S E N D R
H U T T D C E N
N B C D E R P I
```
(TAUSEND)

7.
```
G A S C B G E R
D E E G T U S T
I K I O P D B E
T O N F S W E M
Q B U V X M I N
P O L I M E I Z
J L T B O C H I
M D C J E M K P
```
(KOBOLD)

8.
```
E R C V N D E S
S D C B N H H I
U T G M L O P Y
A Q V B A K A H
A V R E E C R V
U V X X D E G N
U F G B O T E P
C G N S T E V I
```
(BOTE)
```

---

75
```

9.

S	K	L	E	R	C	B	T
S	C	R	T	B	K	K	P
Ü	S	L	I	K	E	C	H
X	W	U	M	L	U	T	L
V	M	M	L	E	O	P	M
T	A	I	N	M	L	Ö	N
K	R	A	M	M	X	D	R
B	G	N	C	D	T	R	U

10.

D	H	Z	E	R	V	T	Z
B	I	U	I	C	M	K	S
X	B	E	N	E	V	B	N
W	I	U	H	T	Z	H	J
Ö	X	B	O	Y	K	H	D
T	P	O	R	R	K	L	Ö
C	N	D	N	B	N	U	T
S	C	E	R	H	D	F	T

Seite 26

MOND	SCHEIN	WERFER
AUTO	BAHN	HOF
HEXEN	BESEN	STIEL
KRISTALL	KUGEL	BLITZ
KLEE	BLATT	SALAT
WASSER	GLAS	SCHEIBE
FENSTER	FLÜGEL	SCHLAG
NACHT	HEMD	KRAGEN
SPIEGEL	EI	GELB
GIFT	ZAHN	SCHMERZEN

Seite 27

1. sweet – sour, 2. long – short, 3. top – bottom,
4. dark – light, 5. good – bad, 6. soft – hard,
7. black – white, 8. young – old, 9. small – big,
10. night – day

Seite 29

1. (15)

6	1	8
7	5	3
2	9	4

2. (36)

9	16	11
14	12	10
13	8	15

3. (21)

4	11	6
9	7	5
8	3	10

4. (30)

7	14	9
12	10	8
11	6	13

5. (24)

11	6	7
4	8	12
9	10	5

6. (18)

5	10	3
4	6	8
9	2	7

7. (27)

6	13	8
11	9	7
10	5	12

8. (12)

1	8	3
6	4	2
5	0	7

9. (33)

10	15	8
9	11	13
14	7	12

10. Die 24 ist die Superzauberzahl.

Seite 30–31

1. ENGELSHAAR, 2. FEUERROT, 3. SCHLANGENHAUT,
4. TASCHENUHR, 5. SCHNEEEULE, 6. TINTENFASS,
7. MAGISCH, 8. HEXENZAHL, 9. PILZSUPPE,
10. ALCHEMIE

Seite 32

1. sonnig (kein Adjektiv für etwas Unerklärliches)
2. Ausweis (kein Gegenstand aus der Zauberwelt)
3. lila (keine Farbbezeichnung mit Bezug zur Natur)
4. hundert (kein Verb)
5. Wolkenkratzer (kein magisches Gebäude)
6. Honig (kein Begriff für ein Wetterphänomen)
7. Biene (kein Fabelwesen)
8. frühstücken (keine typische Tätigkeit von Gespenstern)
9. unheimlich (keine Präposition)
10. Gorilla (kein Doppelvokal ei enthalten)

Seite 34

Zauberlehrlinge sollten das Abc der Zauberwelt beherrschen: von A wie **Abrakadabra** bis Z wie **Zahlenmagie**. Wichtig sind auch Kenntnisse über magische Gegenstände wie **Steine und Kristalle**. Kannst du in eurer Küche **Salbei** von Petersilie unterscheiden? Prima, dann hast du eine **Prüfung** schon bestanden.

Was ist eigentlich Magie? Die **Kunst** der Hexen und Hexer sowie Zauberinnen und Zauberer, Einfluss zu nehmen auf Menschen, Tiere und die **Natur**. Dies kann in guter oder böser **Absicht** geschehen. Zu den magischen Künsten zählt auch die **Wahrsagerei**, beispielsweise die Zukunftsdeutung mithilfe einer **Glaskugel**.

Seite 35

1.	letter	E
2.	ink	H
3.	magic hat	B
4.	magician	F
5.	black cat	G
6.	bat	A
7.	spiderweb	I
8.	owl	C
9.	scull	D
10.	ghost	J

Seite 36

Seite 37

Seite 38

1. Krähenkralle, 2. Irrlicht, 3. Pergament,
4. Flammenzauber, 5. verdammt, 6. Spinne,
7. dunkle Magie, 8. fallen, 9. Hexenkessel,
10. Zauberstab

Seite 39

```
          V         H A G E L
          E         E
  S T E R N E       X
          W         E
          A     E I N H O R N
  S T E I N E       S
          I     K R A F T
          N         L
          Z A U B E R B U C H
          I         U   E
          G         L
                    E
```

Seite 40–41

23–30 Kristalle: Klar wie Bergkristall, in dir steckt
ein magisches Wesen und das wissen deine
Freundinnen und Freunde längst. Kein Wunder,
denn du verblüffst sie regelmäßig mit neuen
Tricks. Selbst deine Lehrerinnen und Lehrer hast
du schon so manches Mal verzaubert. Weiter so.

16–22 Kristalle: Du hältst die Welt der Hexen
und Magier nicht für Hokuspokus, doch großes
Interesse ist (noch) nicht vorhanden. Vielleicht
schlummert auch in dir ein magisches Wesen,
und du weißt es nur nicht? Probiere deine
Zauberkräfte bei der nächsten Gelegenheit aus.

10–15 Kristalle: Nun denn, Zauberei ist für dich
eher Zeitverschwendung und an übersinnliche
Dinge glaubst du eher nicht. Vielleicht sind dir

echte Magier noch nicht begegnet oder du hast
sie nicht bemerkt? Bleibe neugierig und lass dich
überraschen.

Seite 42–43

1. magic book, 2. ghost, 3. bones, 4. spell,
5. wizard, 6. potion, 7. triangle, 8. witchcraft,
9. chandelier, 10. rock crystal

Seite 44

1. die Rü-be, 2. der Zau-ber-trank, 3. die Glas-
ku-gel, 4. die Hals-ket-te, 5. die Ker-ze, 6. der
Spie-gel, 7. der Be-sen, 8. die Vo-gel-fe-der,
9. das He-xen-buch, 10. der Schlüs-sel

Seite 45

1.	13	Regel: + 2
2.	69	Regel: + 11
3.	11	Regel: im Wechsel + 2, + 1
4.	13	Regel: im Wechsel + 2, - 1
5.	33	Regel: im Wechsel + 4, + 6
6.	3000	Regel: · 5
7.	27	Regel: + 1, + 2, + 3, + 4, + 5
8.	68	Regel: - 3
9.	77	Regel: im Wechsel - 10, + 1
10.	42	Regel + 7

Seite 47

1. **broom**stick, 2. **n**arrow, 3. **b**owl, 4. **witch**craft,
5. **crow**'s nest, 6. **glove**s, 7. **hallow**een,
8. **bless**ing, 9. **black**, 10. neck**lace**

Seite 48–49

1. Ferienspaß, 2. Eistorte, 3. Lieblingsbuch,
4. Pyjamaparty, 5. Freundschaft, 6. Besenritt,
7. Kochkurs, 8. Zauberturnier, 9. Nachtwande-
rung, 10. Hausaufgaben

Seite 50

1.
	7	
16	**17**	18
26	27	28

2.
78	79	80
88		
98	99	100

3.
3	4	**5**
		15
		25

4.
	8	9
17	18	**19**
	28	29

5.
21	22	
31	32	33
41	**42**	

6.
13	14	
23	24	**25**
33	34	

7.
67	**68**	69
77		79
87		89

8.
5		7
15		17
25	26	27

9.
52	**53**	54
62	63	64
	73	

10.
27		
37		
47	48	**49**

Seite 52–53

1. Richtig.
2. Richtig.
3. Falsch. Eine Mindestlänge für Zauberstäbe ist nicht bekannt.
4. Falsch. Eine Zaubernuss ist ein Strauchgewächs mit duftenden Blüten.
5. Falsch. Blaue Magie gibt es nicht. „Schwarze Magie" soll Schaden anrichten, z. B. Unwetter oder Krankheit, dagegen soll „Weiße Magie" nützlich für den Menschen sein.
6. Richtig.
7. Richtig.
8. Richtig.
9. Richtig.
10. Richtig.

Seite 54–55

1. 106, 2. 100, 3. 259, 4. 13, 5. 1, 6. 4, 7. 26, 8. 13, 9. 2, 10. 79

Seite 56

1. Brille, 2. Warze, 3. Zauberwald, 4. wild, 5. Wurzel, 6. Bild, 7. Rezeptur, 8. Dieb, 9. Ziel, 10. Druide

1.	2.	3.	4.	5.	6.	7.	8.	9.	10.
A	B	L	D	Z	U	R	W	I	E

Seite 57

Waldbewohnerin und Waldbewohner	1	2	3
Ich bin ein …	Trollmädchen	Oger	Waldelf
Mein Zuhause ist …	ein Felsen	eine Höhle	ein Baumhaus
Welchen Gegenstand trage ich?	Kristalle	Amulett	Federn

Seite 58–59

1. HALBMOND, 2. LEHRPLAN, 3. WAHRHEIT, 4. GIFTPILZ, 5. KRISTALL, 6. MAGIERIN, 7. ZAUBEREI, 8. DREIZEHN, 9. ZICKZACK, 10. ÄDERCHEN

Seite 61

1. RAHBENSCHWARZ
2. HOKKUSPOKUS
3. HEXEIREI
4. ZAUBERKAFFT
5. VIERFLUCHT
6. FROOSCH
7. KRELCH
8. RÄTZSELHAFT
9. UNGEUHEUER
10. FLUGGERRÄT

Seite 62–63

1.

4	1	2	3
3	2	4	1
1	4	3	2
2	3	1	4

2.

1	2	4	3
3	4	2	1
2	3	1	4
4	1	3	2

3.

1	2	4	3
3	4	2	1
2	3	1	4
4	1	3	2

4.

3	2	1	4
4	1	2	3
1	4	3	2
2	3	4	1

5.

1	2	3	4
3	4	1	2
4	1	2	3
2	3	4	1

6.

4	1	2	3
2	3	4	1
1	4	3	2
3	2	1	4

7.

3	4	1	2
1	2	3	4
4	3	2	1
2	1	4	3

8.

2	3	4	1
1	4	3	2
4	1	2	3
3	2	1	4

9.

3	2	1	4
4	1	2	3
1	4	3	2
2	3	4	1

10.

1	3	4	2
4	2	3	1
3	1	2	4
2	4	1	3

Seite 64–65

1. BACK / BLOT / VOTE / DUCK
2. ACES / EXIT / RARE / GAME
3. ECHO / FEAR / STEP / WISH
4. CLAW / FAIL / MOON / GOLD

5.

H	A	N	D
	S	O	I	L
	D	A	R	K
G	I	F	T

6.

L	E	F	T
B	O	S	S
Z	E	R	O
	D	I	C	E

7.

B	O	D	Y
		E	G	G	S
	H	A	T	S
	D	R	O	P

8.

C	O	A	T
F	I	R	E
D	O	O	R
W	A	L	K

9.

	B	L	U	E
H	U	G	E
H	E	A	T
	M	E	A	N

10.

C	H	I	N
L	A	T	E
K	I	N	G
R	U	L	E

Seite 67

1.	65	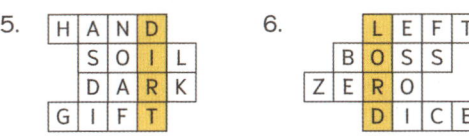
2.	200	
3.	202	
4.	24	
5.	17	
6.	163	
7.	1	
8.	5	
9.	160	
10.	86	

Seite 68

1. Ebbe – Ebbe, 2. Regal – Lager, 3. Neffen – Neffen, 4. Uhu – Uhu, 5, Gag – Gag, 6. Otto – Otto, 7. Reittier – Reittier, 8. Esel – lese, 9. Nebel – Leben, 10. Sarg – Gras

Seite 69

1. SPOO**K**Y
2. WI**T**CH
3. K**E**TTLE
4. HOURGL**A**SS
5. **F**ROG
6. SUPE**R**NATURAL
7. MAGI**C** WAND
8. DRAG**ON**
9. ROTTEN EG**G**S
10. MAGIC SPE**L**L

Seite 70-71

1. **140** + 360 = 500
2. **87** - 7 - 66 = 14
3. **120** = (12 + 28) · 3
4. 106 : 2 + 23 = **76**
5. **66** : 2 + 15 = 48
6. 4 · 2 + 17 = **25**
7. (100 - 90) : 2 = **5**
8. (**320** - 40) · 2 = 560
9. **36** · 3 - 72 = 36
10. **70** + 10 = (17 + 23) · 2

Seite 73

1. FLIEH! (Das Wort ist rückwärts geschrieben vorangestellt.)
2. SUCHE PETERSILIE BEI VOLLMOND (Alle Anfangsbuchstaben sind durch ein N ersetzt.)
3. HEUTE UM ACHT (Hinter jedem Buchstaben ist ein O eingefügt.)
4. BANNE DEN DÄMON! Die Zahlen 5 und 14 ersetzen E und N.
5. ZAUBERLAND IST IN GEFAHR! (Zwischen den Buchstaben des Wortes ZAUBERLAND ist die Botschaft versteckt.)
6. KOMM ZUM HEXENTREFFEN AUF DEM BERG (Alle Vokale sind durch ein U ersetzt.)
7. DA HILFT EIN SCHUTZZAUBER (Alle Wörter sind rückwärts geschrieben.)
8. BEEIL DICH, GEISTER WARTEN NICHT, SCHNELL SIND SIE WEG. (Einige Vokale sind verschwunden.)
9. DU HAST DIE MACHT (Der letzte Buchstabe des Wortes ist eigentlich der Anfangsbuchstabe des Folgewortes.)
10. FINDE MUSCHELN (Jeder Buchstabe ist verdoppelt.)

Bibliografische Information der Deutschen Nationalbibliothek

Die Deutsche Nationalbibliothek verzeichnet diese Publikation in der Deutschen Nationalbibliografie; detaillierte bibliografische Daten sind im Internet über http://dnb.dnb.de abrufbar.

Bibliographisches Institut GmbH, Mecklenburgische Straße 53, 14197 Berlin

Redaktionelle Leitung Constanze Schöder
Redaktion Christina Braun
Autorin Kristina Offermann
Illustrationen Merle Goll (Rahmen: S. 8, S. 46 / Meine Top10!-Buttons: S. 8, 13, 23, 28, 33, 46, 51, 60, 66, 72), Karoline Jakubik (Rahmen: S. 7, 56), Sabine Mielke (Rahmen: S. 17, 45 / Mach10!-Sticker) vom Atelier Unterseecafé
Herstellung Maike Häßler
Layout und Satz Atelier Unterseecafé – Merle Goll, Karoline Jakubik und Sabine Mielke
Umschlaggestaltung Atelier Unterseecafé – Karoline Jakubik
Umschlagillustration Atelier Unterseecafé – Karoline Jakubik (grüner Magier, fauchende Katze), Sashatigar/Shutterstock.com (Zickzack– und Schlangenlinien, Rabe, Katzenkopf, weißer Stern, Hexenhut, Schlange, dreifarbige Luftschlange, „Fächer", Dreieck, Pfeile, Brille), mhatzapa/Shutterstock.com (Pilz, Buch, Fläschchen, Rauten), H Art/Shutterstock.com (Hexe auf Besen, Glaskugel, Kessel), E Forafontova/Shutterstock.com (gelber Stern), Marish/Shutterstock.com (Drachen), Elfhame/Shutterstock.com (Spinnweben), Madya_Art/Shutterstock.com (Eule)
Druck und Bindung Heenemann GmbH & Co. KG, Bessemerstraße 83–91, 12103 Berlin
Printed in Germany

ISBN 978-3-411-72040-8
www.duden.de